BEI GRIN MACHT SICH IHR WISSEN BEZAHLT

- Wir veröffentlichen Ihre Hausarbeit,
  Bachelor- und Masterarbeit

- Ihr eigenes eBook und Buch -
  weltweit in allen wichtigen Shops

- Verdienen Sie an jedem Verkauf

Jetzt bei www.GRIN.com hochladen
und kostenlos publizieren

Dieter Boller

Beatlemania. Ein Phänomen der Popmusik der Sechziger Jahre

GRIN Verlag

Bibliografische Information der Deutschen Nationalbibliothek:

Die Deutsche Bibliothek verzeichnet diese Publikation in der Deutschen National-
bibliografie; detaillierte bibliografische Daten sind im Internet über http://dnb.d-
nb.de/ abrufbar.

Dieses Werk sowie alle darin enthaltenen einzelnen Beiträge und Abbildungen
sind urheberrechtlich geschützt. Jede Verwertung, die nicht ausdrücklich vom
Urheberrechtsschutz zugelassen ist, bedarf der vorherigen Zustimmung des Verla-
ges. Das gilt insbesondere für Vervielfältigungen, Bearbeitungen, Übersetzungen,
Mikroverfilmungen, Auswertungen durch Datenbanken und für die Einspeicherung
und Verarbeitung in elektronische Systeme. Alle Rechte, auch die des auszugsweisen
Nachdrucks, der fotomechanischen Wiedergabe (einschließlich Mikrokopie) sowie
der Auswertung durch Datenbanken oder ähnliche Einrichtungen, vorbehalten.

Impressum:

Copyright © 2004 GRIN Verlag, Open Publishing GmbH
Druck und Bindung: Books on Demand GmbH, Norderstedt Germany
ISBN: 978-3-640-29177-9

Dieses Buch bei GRIN:

http://www.grin.com/de/e-book/50345/beatlemania-ein-phaenomen-der-popmusik-
der-sechziger-jahre

GRIN - Your knowledge has value

Der GRIN Verlag publiziert seit 1998 wissenschaftliche Arbeiten von Studenten, Hochschullehrern und anderen Akademikern als eBook und gedrucktes Buch. Die Verlagswebsite www.grin.com ist die ideale Plattform zur Veröffentlichung von Hausarbeiten, Abschlussarbeiten, wissenschaftlichen Aufsätzen, Dissertationen und Fachbüchern.

Besuchen Sie uns im Internet:

http://www.grin.com/

http://www.facebook.com/grincom

http://www.twitter.com/grin_com

Proseminararbeit

Beatlemania

Volkskundliches Seminar
Universität Zürich

Proseminar II
„Jugendkulturen und Jugendforschung"
WS 03/04

Hauptfach:	Publizistikwissenschaft
1. Nebenfach:	Sozialpsychologie
2. Nebenfach:	Volkskunde

Zürich, 7. Mai 2004

Inhaltsverzeichnis

1. Einleitung

Diese Arbeit entstand im Rahmen des Proseminars „Jugendkulturen und Jugendforschung". Im Zentrum steht eine Retrospektive auf die Popmusik der Sechzigerjahre. Die Beatles figurieren dabei als wohl prägendste Band dieser Epoche. Scharen von Menschen, vor allem Jugendliche, waren begeistert von der Musik und dem Auftritt dieser vier Männer aus England.

Das Phänomen der Beatles soll daraufhin analysiert werden, welche Faktoren dazu führten, dass diese Erscheinung die Massen in bekannter Weise zu mobilisieren vermochte. In einem ersten Teil (Kapitel 2) soll die „Beatle-Manie" in ihren wichtigsten Punkten und Phasen kurz erläutert werden. Darauf folgt in Kapitel 3 die Fragestellung, welche die Perspektiven darlegt, aus denen sich die Arbeit mit dem Phänomen beschäftigt. Und schliesslich sollen im Anschluss mögliche Faktoren erläutert werden, auf denen der Erfolg gründet.

2. Aufstieg und Manie

1954 setzten Bill Haley and his Comets mit ihrem Lied „Rock Around The Clock" und Elvis Presley mit „That's All Right (Mama)" den Startschuss zum Ausbruch des Rock'n'Roll in Amerika. Ein Jahr später schwappte diese neue Musik schliesslich über und auch auf den britischen Inseln wurde vermehrt danach gefiebert.[1]

Zu dieser Zeit gründete Liverpools Jugend zahlreiche „Skiffle"-Bands, nach dem Vorbild des ersten wahren britischen Musik-Stars Lonnie Donegan. Diese Musik wurde auf Instrumenten wie Waschbrett und Teekistenbass gespielt und war somit leicht zu beherrschen. Sogar die Gitarre, das schwierigste Instrument einer Skiffle-Gruppe, war mit ein paar einfachen Akkorden leicht zu bedienen.[2]

John Lennon, damals 15 Jahre alt, gründete zusammen mit Schulfreunden die Skiffle-Band The Quarrymen. Kurze Zeit später stiess Paul McCartney dazu und 1958 schliesslich George Harrison. Ihre Vorbilder waren Musiker wie Lonnie Donegan, Chuck Berry und Elvis Presley. Durch unzählige Konzerte in verruchten Bars Liverpools und Hamburgs entwickelten sie ihren eigenen Stil, der zwischen Beat, Rockabilly, Rhythm'n'Blues und Skiffle anzusiedeln war. Umbenannt in Johnny and the Moondogs, The Silver Beatles und schliesslich The Beatles stiess 1962 Ringo Starr zur Gruppe.[3]

Noch im selben Jahr veröffentlichten die Beatles mit "Love Me Do" ihre erste Single unter eigenem Namen und erreichten damit Platz 17 der Top Twenty in der Musik-Zeitschrift

---

[1] Davies: The Beatles, 89.
[2] Ebenda, 89.
[3] Ebenda, 108.

„Music-Week" und der Hitliste des „New Musical Express" und die Nummer 1 der „Mersey-Beat"-Hitliste.[4]

Im Januar 1963 veröffentlichten sie ihre zweite Single „Please Please Me". Der Song wurde in England der absolute Hit: Platz 1 in den Charts der Zeitschriften „Melody-Maker", „New Musical Express", „Record Mirror" und „Record Retailer" und im Rundfunk bei der BBC Platz 2.[5] Darauf folgten weitere Hit-Singles, das erste Album, eine Tournee durch England zusammen mit Stars wie Helen Shapiro und Tommy Roe sowie zahlreiche Auftritte in Radio und Fernsehen. Das Geschäft mit den Beatles lief in vollem Gange. Die „Beatlemania" hatte Einzug gehalten in Grossbritannien und man feierte die vier und ihren neuen Sound.[6] Für ihre zweite LP lagen gar Vorbestellungen in der Rekordhöhe von 500'000 Stück vor.[7]

Die Beatles waren nun internationale Berühmtheiten. Als sie von ihrer Schweden-Tournee zurückkehrten, wurden sie in London von Tausenden von schreienden Fans empfangen. Bei Konzerten in ganz Europa mussten viele Polizisten, zum Teil auch berittene Polizei, eingesetzt werden.[8] Fans schrieen sich die Seele aus dem Leib, stürmten die Bühnen oder fielen reihenweise in Ohnmacht. In einem Konzertbericht schrieb der „New Musical Express" damals:

> „The Screams are deafining. […] What The Beatles are singing is unimportant. Fans rush up the gangways, arms outstretched, pleading 'Paul! Paul!' [...] Then straight into 'She Loves You', and when they reach the 'oooh' part of the song, they all shake their heads. Their hair quivers. Fans go wild."[9]

„Es ist unmöglich, die Beatlemania zu übertreiben. Ihrem ganzen Wesen nach war sie eine Übertreibung", meint Hunter Davis.[10] Die Fans nutzten jede Möglichkeit, einen Blick auf die Beatles zu erhaschen, riefen bei ihnen zu Hause an oder jagten nach Souvenirs. „In my front garden they've stripped off the bark from a tree and started on the branches", schildert John Lennon im "New Musical Express".[11] Auch ihr Auto litt: "It frequently loses mirrors, aerials, door handles and other removable parts. Often our road manager Melvyn has to walk to a garage to get parts and arrives back to find something else gone", erzählt Paul McCartney.[12]

Europa war infiziert. In Amerika aber tat sich noch wenig.

> „Auf Amerika kam es an. Ganz einfach, weil dort der grösste Plattenmarkt der Welt war. Als im Januar 1964 ‚I Want To Hold Your Hand' Nummer Eins der amerikanischen Hitparaden wurde, öffnete das den gesamten Markt für uns",

---

[4] *Moers et al.: Die Beatles, 114-122.*
[5] *Ebenda, 137.*
[6] *Schuster: Four Ever, 25.*
[7] *Niedergesäss: Die Beatles, 125.*
[8] *Schuster: Four Ever, 26.*
[9] *Coleman: "Please, No More Jelly Babies!", 6.*
[10] *Davies: The Beatles, 217.*
[11] *Hutchins: Fans invade homes but boys love 'em, 8.*
[12] *Ebenda, 8.*

meint Beatles-Produzent George Martin.[13] Zu Beginn des Jahres '64 veröffentlichte Capitol Records[14] mit „I Want To Hold Your Hand" die erste Hit-Single in den USA. Der Song verkaufte 500'000 Stück in zehn Tagen und erreichte in neuer Rekordzeit Platz eins in den US-Charts.[15] Bei ihrem ersten Besuch in Amerika im Februar 1964 wurden die Beatles am New Yorker Flughafen von Tausenden von Fans frenetisch empfangen.[16] In der US-Fernsehsendung „Ed Sullivan Show" präsentierten sie sich schliesslich vor geschätzten 73 Millionen Zuschauern.[17] Damit wurde eine regelrechte Charts-Lawine ausgelöst, die bis heute einmalig ist: Zwölf Beatles-Singles waren gleichzeitig in den amerikanischen Top 100 vertreten, fünf davon auf den ersten fünf Positionen und zwei LPs auf den ersten beiden Plätzen der Album-Charts.[18]

In den Jahren 1965 und 1966 reifte die Band und entwickelte sich musikalisch weiter. Die Musik wurde psychedelischer und differenzierter, die Liedtexte politischer und tiefsinniger. Die Musik eignete sich nun nur noch mässig für übersteigert wilde Shows wie sie die Beatles in den letzten Jahren geliefert hatten. Zunehmend waren sie auch erschöpft von den anhaltenden Strapazen, welche die Tourneen mit sich brachten. Ringo Starr meinte über jene Zeit:

> „Es war die beste und die schlimmste Zeit meines Lebens. Die beste, weil wir viel gute Musik gespielt haben und viele gute Zeiten gehabt haben, und die schlechteste, weil es fast 24 Stunden täglich ohne Pause Stress gab. Es hörte nie auf. Hätten wir weitergemacht, ich persönlich wäre verrückt geworden."[19]

So gaben die Fab Four am 29. August 1966 ihr letztes offizielles Live-Konzert.[20]

In den folgenden Jahren äusserten sich die Beatles vermehrt auch zu politischen Themen und nahmen teil am Traum von „Love and Peace", am weltumspannenden Flower-Power, welcher der Jugend eine positive Zukunfts-Perspektive zu verleihen schien. Am 25. Juni 1967 traten sie in der Fernsehsendung „Our World" auf und spielten das eigens dafür komponierte Lied „All You Need Is Love". Vor einem Publikum von 200 bis 400 Millionen Zuschauern uraufgeführt, wurde der Song schliesslich zur Hymne des „Summer of Love" 1967.[21]

---

[13] Schuster: Four Ever, 26.
[14] Die Plattenfirma Capitol Records veröffentlichte die Beatles-Platten in den USA.
[15] Schuster: Four Ever, 27.
[16] Spizer: The Beatles' Story on Capitol Records, 15.
[17] Davis: Die Beatles, 30.
[18] Ebenda, 30-32.
[19] Schuster: Four Ever, 43.
[20] Lediglich am 31. Januar 1969 spielten sie noch einmal unangekündigt auf dem Dach ihres „Apple"-Hauses in London.
[21] Moers et al.: Die Beatles, 454.

3. Fragestellung

Von der Anzahl verkaufter Platten über die Menge an Konzert-Zuschauern bis hin zu fast manischer Besessenheit der Fans, die Beatles setzten im Verlaufe der Sechzigerjahre neue Massstäbe in der Musikindustrie. Worin lagen die Gründe, weshalb die vier Engländer aus halbstarken Kellern den Weg hinaus gefunden haben, um als sonnig sauberes Pilz-Quartett aus dem Boden zu schiessen und den Erfolg über Jahre hinweg zu pachten?

Das Phänomen soll im Folgenden anhand dreier verschiedener Perspektiven analysiert werden. Zum Ersten wird die Band von musikalischer Seite her beleuchtet, wobei Besonderheiten im Zusammenhang mit Musik-Stil, Talent, Technik und Neuheit aufgezeigt werden sollen. In einem zweiten Teil werden die persönlichen, charakterlichen Stärken der vier Musiker fokussiert. Die Analyse richtet sich dabei auf ihr Charisma und ihre Präsentation in der Öffentlichkeit. Und schliesslich soll aus einer dritten Perspektive erläutert werden, inwiefern die Band von einem ökonomisch motivierten, perfekten und neuartigen Management profitieren konnte, das es der Gruppe überhaupt erst ermöglicht hat, sich einer grossen Masse zu präsentieren.

Die Arbeit geht sowohl von Standpunkten und Sichtweisen der Band und ihres Management-Stabes aus, als auch vom Blickwinkel der Beobachter und Fans. Die Sichtweise der Rezipienten soll aber im Zentrum stehen und aufzeigen, was die vor allem jugendlichen Beatles-Anhänger an der Musik und der Gruppe faszinierte.

3.1 Musik: Yeah! Yeah! Yeah!

"Love Me Do", "Please, Please Me", "From Me To You", "She Loves You" und "I Want To Hold Your Hand". Ab Oktober 1962 stürmten die Beatles mit ihren ersten Singles die Hitparaden.[22] Im "New Musical Express" wurden ihre Songs hoch gelobt. So zum Beispiel "Please, Please Me": "This is a really enjoyable platter, full of beat, vigour and vitality – and what's more, it's different."[23] Die Musik sei voll von Beat, sie sei anders. Was genau anders ist, ist schwierig zu beschreiben. Die Musik der Beatles ist nur schwer kategorisierbar.[24] Das amerikanische News-Magazin "Time" bezeichnete sie als "wild rhythm-and-blues quartet".[25] Nach seinem musikalischen Geschmack befragt, nannte John Lennon einmal Rhythm'n'Blues und Gospel.[26] Seine Vorbilder aus dem amerikanischen Rock'n'Roll waren Chuck Berry und Elvis Presley. „When I heard ‚Heartbreak Hotel', I thought, ‚This is it,' and I started trying to grow sideboards", meinte John

---

[22] *Ebenda, 112-189.*
[23] *Evans: The Record Of The Year?, 4.*
[24] *MacDonald, zit. bei Lauterbach: Beatles, Sportclubs, Landschaftsparks, 168.*
[25] *Spizer: The Beatles Story on Capitol Records, 3.*
[26] *Lifelines of The Beatles, 9.*

Lennon später.[27] Zur Schwierigkeit, die Beatles musikalisch zu definieren, meinte er 1963 gegenüber der Musikzeitschrift "Melody Maker":

„I know the critics say we don't play R&B. I've never thought we did. We just play rock as far as I'm concerned – in our own way. We're fed up with people saying, 'You're not real R&B.' [...] Let all the critics go away and leave us alone."[28]

Offiziell wurde ihr Sound der „Beatmusik" zugeordnet. Die Beatmusik entstand um 1962, nahm die verschiedenen Elemente der zeitgenössischen Rockmusik auf und entwickelte durch eine harte Betonung der Schlagzeit des Taktes, praktisch ein durchlaufender Dauerschlag, einen neuen Musikstil.[29] Die dadurch entstehende andere Rhythmusfolge machte die Musik gleichförmiger und homogener. Waren die Beatles auch die berühmtesten Vertreter dieses Genres, entstanden zu dieser Zeit viele andere Beat-Gruppen, welche ebenfalls grosse Erfolge feiern konnten. Dazu gehörten The Rolling Stones, The Who, Gerry And The Pacemakers, The Hollies, The Searchers, The Pretty Things, The Creation, The Kinks oder in Deutschland The Rattles und The Lords. Alle diese Bands veröffentlichten ihre ersten Singles in den Jahren '63 und '64,[30] die Beatles aber waren mit „Love Me Do" bereits Ende '62 auf dem Markt. So war es vielleicht der Neuheits-Effekt, der den Beatles gegenüber anderen Bands Vorschub geleistet hat. Ian MacDonald, Musikwissenschaftler und Analytiker der Beatles-Lieder, hört im Sound der Band auch etwas musikalisch Einzigartiges. Er beschreibt "Love Me Do" wie folgt:

„Sein Titel im dialektgefärbten Englisch, die Hafenatmosphäre durch Lennons Harmonika und die offenen Harmonien verbreiteten einen frischen Wind, der zur Gruppe passte und sie schwer kategorisierbar machte. Zwar wird die Harmonika in ‚Hey! Baby!', einem wehmütigen Song des texanischen Sängers Bruce Channel vom Frühjahr 1962, ähnlich eingesetzt, aber davon abgesehen gab es auf dem Markt nichts, was diesem Sound gleichgekommen wäre."[31]

Weiter ist er der Meinung, der Song erscheine im Vergleich zu den Standards dieser Zeit ausserordentlich „roh" und im Gegensatz zum echogesättigten Sound der britischen Popmusik in den vorangegangenen vier Jahren „trocken".[32]

Zahlreiche Jugendliche taten es ihren Vorbildern gleich und gründeten eigene Beat-Bands.[33] Dass eine derartige Massenbewegung in Gang gesetzt wurde, könnte in der Einfachheit dieser Musik gelegen haben. Für die meisten Songs musste man nur drei Akkorde auf der Gitarre beherrschen. Zudem war die technische Entwicklung bei E-Gitarren und Verstärkern mittlerweile weit fortgeschritten, sodass Amateurbands die Songs „nicht nur nachspielen, sondern in einem einigermassen

---

[27] *Smith: Close-up on a Beatle, 10.*
[28] *Coleman, Roberts: What Makes a Beatle Beat?, 17.*
[29] *Reader's Digest Universal Lexikon, 393.*
[30] *The Lords veröffentlichten ihre erste Single 1965.*
[31] *MacDonald, zit. bei Lauterbach: Beatles, Sportclubs, Landschaftsparks, 168.*
[32] *MacDonald, zit. bei Lauterbach: Beatles, Sportclubs, Landschaftsparks, 168-169.*
[33] *Wagner: 50 Jahre Popmusik und Jugendkultur in Deutschland, 35.*

akzeptablen Sound reproduzieren" konnten.[34] Für den Historiker Wolfgang Kraushaar ist vor allem

diese Möglichkeit, selbst in einer Band spielen zu können, einer der wichtigsten Faktoren:

> „Die Beatmusik hatte Multiplikatoren dadurch, dass Jugendliche begannen, selber Musik
> zu machen und Beat-Bands gründeten. Es gab Mitte der Sechzigerjahre viele Beat-
> Wettbewerbe. Das hat stark dazu beigetragen, dass sich Beatmusik über Schulen und die
> örtlichen Bühnen wie ein grosser Teppich ausbreiten konnte. Und damit hat der Beat auch
> die Jugendsphäre so durchdrungen, wie es der Rock'n'Roll in den Fünfzigerjahren nie
> vermocht hatte."[35]

Im Repertoire der Beatles dominierten bis anhin die Your-my-little-girl-Songs. Die Zielgruppe,

stellt Hartmut Braun fest, habe, anders als im Umfeld von Jazz und Schlagermusik, bis zu diesem

Zeitpunkt ausschliesslich aus Jugendlichen bestanden.[36] Auffallend sei das "annähernd gleiche Al-

ter von Ausführenden und Zuhörern".[37] „Mit den Beatles etablierte sich die internationale Rockmu-

sik als Kern einer klassenübergreifenden Jugendkultur", meint Kaspar Maase.[38]

Im August 1964 kam es zur ersten Begegnung zwischen Bob Dylan und den Beatles. Dylan soll die

Beatles an diesem Tag überredet haben, Marihuana zu rauchen.[39] Vor allem aber, so der Journalist

und Freund von Bob Dylan Al Aronowitz, habe dieses Treffen sowohl die

Beatles als auch Bob Dylan musikalisch beeinflusst.

> „Bob begann, mit elektrischen Verstärkern zu spielen, und die Beatles wurden in ihren
> Texten wesentlich schärfer. Ausserdem wurden die Beatles zu völligen Potheads; ihre
> nächsten Platten rochen ja förmlich nach Haschisch."[40]

Bob Dylan galt zu dieser Zeit als "Meister der akustischen Folk-Poesie" und mit „Fingerzeige-

songs" wie „Masters Of War" oder „A Hard Rain's A-Gonna Fall" als Sprachrohr seiner Generati-

on.[41]

> „Das Thema ‚Jugendrevolte', symbolisiert von Bob Dylan und den Rolling Stones, war bei
> den Beatles zunächst weniger offensichtlich, weil [Manager/i.O.] Brian Epstein es für un-
> populär befand. Die Gruppe sollte familienverträglich sein. Trotzdem sahen die Beatles
> sich selbst so nonkonformistisch wie ihre Kollegen. Nachdem sie 1966 Epsteins besch-
> wichtigendem Einfluss ein Ende gemacht hatten, begannen sie – erst noch unsicher – zu
> sagen, was sie dachten."[42]

Zu dieser Zeit erschienen auch die Alben „Rubber Soul" (Dezember '65) und „Revolver" (August

'66) und es zeichnete sich eine musikalische Richtungsänderung ab. Mit differenzierter Studiomu-

sik, welche sich nur noch schlecht für Live-Auftritte vor Horden kreischender Fans eignete, änderte

---

[34] *Ebenda, 35.*
[35] *Ebenda, 35.*
[36] *Braun, zit. bei Lauterbach: Beatles, Sportclubs, Landschaftsparks, 178.*
[37] *Ebenda, 178.*
[38] *Maase, zit. bei Lauterbach: Beatles, Sportclubs, Landschaftsparks, 178.*
[39] *Palmer: Rock & Roll, 111.*
[40] *Ebenda, 111.*
[41] *Palmer: Rock & Roll, 112.*
[42] *MacDonald, zit. bei Lauterbach: Beatles, Sportclubs, Landschaftsparks, 186.*

sich auch der Starkult um die Beatles. Konzerte gab es keine mehr und somit wurde der frenetische Teil der Manie abrupt beerdigt. Übrig blieb die musikalische Genialität, welche mit „Sgt. Pepper's Lonely Hearts Club Band" 1967 einen weiteren Höhepunkt fand. Diese Platte enthielt Experimente mit klassischen Themen, mit Streichern und Bläsern – „das war damals neu für die Popmusik, das überzeugte die Kultur-kritiker".[43] Die Beatles wurden nun plötzlich auch von den meisten Erwachsenen akzeptiert. Die Grenze zwischen Jugendlichen und Erwachsenen war überbrückt, aber auch diejenige zwischen Studenten und Arbeiterjugend.[44]

3.2 Fluidum: More popular than Jesus

„Multiply Elvis Presley by four, subtract six years from his age, add British accents and a sharp sense of humor. The answer: It's the Beatles (Yeah, Yeah, Yeah)", schrieb die „New York Times" kurz vor ihrem ersten Besuch in Amerika im Februar 1964.[45]

Mit der Presse pflegte man einen respektlosen und gleichzeitig freundschaftlichen, netten Umgang. Ein Beispiel:

> Reporter: „Würdet ihr etwas für uns singen?"
> Die Beatles: „Nein!"
> Reporter: „Weil ihr nicht singen könnt?"
> John: „Nein, wir wollen erst Geld sehen!"
> Reporter: „Wie viel Geld werdet ihr aus Amerika herausschleppen?"
> John: „Zwei Dollar oder so!"
> Reporter: „Habt ihr jemals einen Haarschnitt gehabt?"
> George: „Gestern hatte ich einen!" Ringo: „Wirklich, ihr hättet ihn vorgestern sehen sollen!"
> Reporter: „Wie erklärt ihr euch euren riesigen Erfolg?"
> John: „Wenn wir das wüssten, wären wir Manager geworden!"
> Reporter: „Warum singt ihr wie Amerikaner und sprecht wie Engländer?"
> John: „Das verkauft sich besser!"
> Reporter: „Habt ihr von der Kampagne ‚Vernichtet die Beatles' einer Gruppe von Studenten aus Detroit gehört? Und was werdet ihr dagegen unternehmen?"
> Paul: „Ich glaube, wir organisieren erst mal eine ‚Vernichtet Detroit'-Kampagne!"
> Reporter: „Was haltet ihr von Beethoven?"
> Ringo: „Der ist toll, besonders seine Gedichte. – Den Gag bringe ich jeden Tag!".[46]

Dieses Frage-Antwort-Spiel mutet heutzutage mehr als harmlos an. Das war es 1964 nicht. Bisher war kaum jemand so respektlos, aber gleichzeitig „nett" mit der Presse umgesprungen.[47] Die Allü-

---

[43] Niedergesäss: Die Beatles, 121-122.
[44] Ebenda, 122.
[45] Spizer: The Beatles' Story on Capitol Records, 15.
[46] Erste Pressekonferenz in Amerika nach der Landung vom 7. Februar 1964 auf dem New Yorker Flughafen. Vgl. Moers et al.: Die Beatles, 209-210.

ren kamen an. Ihre charmante und witzige Art, mit der sie sich präsentierten, wurde allseits sympathisch aufgenommen. Es gab etwas Neues, Merkwürdiges, etwas wahrscheinlich schlau Manipuliertes, was diese Beatles von allen andern Musikgruppen unterschied, die mit ihnen um die Gunst des damaligen Jugendlichen stritten: Die Beatles hätten es geschafft, sich zu viert und gleichzeitig einzeln durchzusetzen, meinte die „Weltwoche" 1964:

> „Obschon vier Mann stark und eine Einheit, obschon uniformiert und einer durchdachten Inszenierung unterworfen, stellen sich die Beatles als vier Individuen dar. Jeder Beatle behält in der Gruppe seine Identität bei; er wird als der portiert, der er ist, nicht bloss als Glied eines hervorragend funktionierenden Mechanismus. Die Verehrerinnen-Post geht getrennt ein."[48]

„Wir wollten grösser sein als Elvis", sagt John Lennon. Aber keiner von ihnen hätte es alleine geschafft, meint er. Paul sei nicht stark genug gewesen, er selbst nicht genug Mädchentyp,[49] George zu ruhig und Ringo nur der Schlagzeuger. „Aber wir dachten, dass doch jeder irgendeinen von uns mögen würde, und so ist es dann auch gekommen."[50] Es scheint, als ob die vier je eine eigene Rolle gespielt hätten, die sich in Symbiose zum Erfolgs-Trupp komplettiert hätten.

Basiert auf Hippokrates' Vier-Temperamenten-Lehre ordnete die Weltwoche die Beatles vier klassischen Typen zu.[51] Ringo spiele den Melancholiker. „Er ist untüchtig, versonnen, verdutzt und ein wenig hilflos. Er weckt die mütterlichen Gefühle", schrieb die Weltwoche damals. John Lennon sei der Intellektuelle der Gruppe. „Er gibt sich abwartend, kritisch, überlegen, cholerisch, und bei Pressekonferenzen fungiert er als Hauszyniker. Er beeindruckt die Unsicheren." Paul McCartney sei eher der leichtfüssige Verführer, der Schelm, der Sanguiniker. „Sein enormes Selbstbewusstsein und seine grosse Ambition versteckt er geschickt unter einer Maske von Zutraulichkeit und Frivolität." Ihm fielen die ganz Zarten zu. „George Harrison schliesslich ‚macht' den Phlegmatiker, den Kontemplativen, Anpassungsfähigen, Gemütlichen. Er weckt Vertrauen und das Gefühl der Zuverlässigkeit."

Anders als ihre meisten Konkurrenten, gaben sich die Beatles als Lausbuben. Sie waren zwar Rebellen, aber Rebellen, die ihre eigene Auflehnung als etwas durchaus Unernstes, etwas rein und seiner selbst willen Gespieltes auffassten. Humorvoll war der Blick, den sie übers Publikum schweifen liessen und humorvoll war auch der Blick in den Spiegel, ins eigene Antlitz. Sie hatten

---

[47] *Moers et al.: Die Beatles, 210.*
[48] *Winter: All die neuen Tänze.*
[49] *John Lennon heiratete im August 1962 Cynthia Powell. Grund war Powells Schwangerschaft. In den Sechzigerjahren galt ein uneheliches Kind noch als Schande. Sehr wahrscheinlich hätte John Lennon nicht geheiratet, wenn kein Kind unterwegs gewesen wäre, denn für die Karriere von Jungstars in den Sechzigerjahren war es wichtig, dass sie unverheiratet und „noch zu haben" waren. Daher wurde von Epstein und den Beatles zunächst versucht, die Heirat zu verheimlichen. Als im Juli 1963 bekannt wurde, dass John Lennon verheiratet ist, waren die Beatles schon so berühmt, dass es ihre Karriere nicht mehr beeinflusste. Vgl. Moers et al.: Die Beatles, 105.*
[50] *Schuster: Four Ever, 28.*
[51] *Die folgenden Ausführungen beruhen im Wesentlichen auf Winter: All die neuen Tänze.*

sich selber den Boden unter den Füssen weggenommen und das Brett zur Seite gestellt; auf dass man das Bad in der Menge geniessen möge.

Ein Weiteres war ihr Aussehen. Auf der Bühne uniform verpackt wirkte ihr Auftritt professionell und organisiert. Choreographie ohne Tanz. Dazu gehörte vor allem ihr Haarschnitt, der Pilz, dessen Idee der Legende nach von Astrid Kirchherr, der Fotografin und Freundin von Stu Sutcliffe[52], stammen soll.[53] Der Beatles-Look beeindruckte weit über die Grenzen Englands hinaus, so übte er auch auf die deutsche männliche Jugend einen nachhaltigen Eindruck aus.[54] Wagner meint gar, die Beatles hätten den Haarschnitt einer ganzen Generation bestimmt.[55]

Waren Aussehen und Ausstrahlung der Beatles auf der einen Seite Modell und Vorbild für viele männlichen Fans, so wurden die Band-Mitglieder andererseits von Teilen des weiblichen Publikums als sexuell attraktiv empfunden. Schreikrämpfe, Nervenzusammenbrüche und Ohnmachtsanfälle waren nichts Seltenes[56] und „betrafen, wertet man Live-Mitschnitte sachlich aus, eher die weiblichen als die männlichen Jugendlichen"[57]. Dies brachte in den Sechzigerjahren die Medien dazu, „jugendkritische und darüber hinaus speziell frauenfeindliche Tendenzen an den Tag zu legen".[58] Diese „stellten Bilder scheinbar hysterischer Fans heraus; sensationshascherisch bedienten sie die Vorurteile des erwachsenen Publikums insbesondere gegenüber Mädchen und jungen Frauen".[59] Kaspar Maase weist jedoch darauf hin, dass das spezifische Verhalten bei Rockmusik-Konzerten nicht zwangsläufig weitreichende Folgen gezeitigt haben muss:

> „Inzwischen zeigen biographische Studien [z.B. in den USA/i.O.], dass schwärmerische Identifikation mit Stars der Kulturindustrie und öffentliche Regelverletzungen wie die ‚Beatlemania' der Entwicklung zur emanzipierten, selbstständigen Frau keineswegs entgegenstanden."[60]

Der Einfluss der Beatles reichte über die Fangemeinde hinaus. John Lennon äusserte sich 1966 in einem Zeitungsinterview wie folgt:

> „Christianity will go. It will vanish and shrink. I needn't argue about that. I'm right and I will be proved right. We're more popular than Jesus now. I don't know which will go first – Rock'n'Roll or Christianity. Jesus was all right but his disciples were thick and ordinary. It's them twisting it that ruins it for me."[61]

Monate später, nach einem zweiten Abdruck des Interviews, folgte ein Sturm der Entrüstung. In Texas und Alabama wurden öffentliche Beatlesplatten-Verbrennungen veranstaltet, sechs Ku-Klux-

---

[52] Stu Sutcliffe war Bass-Spieler bei den Beatles bis November 1960.
[53] Davis: Die Beatles, 18.
[54] Wagner: 50 Jahre Popmusik und Jugendkultur in Deutschland, 30.
[55] Ebenda, 30.
[56] Mühe, zit. bei Lauterbach: Beatles, Sportclubs, Landschaftsparks, 183.
[57] Lauterbach: Beatles, Sportclubs, Landschaftsparks, 183.
[58] Lauterbach: Beatles, Sportclubs, Landschaftsparks, 183.
[59] Maase, zit. bei Lauterbach: Beatles, Sportclubs, Landschaftsparks, 183.
[60] Ebenda, 183-184.
[61] Schuster: Four Ever, 42.

Klan-Mitglieder störten ein Konzert in Memphis, 30 amerikanische Radiostationen verbannten Platten der Beatles aus ihren Programmen; und auch bei den Fans machte sich grosser Unmut über Lennons Aussage breit.[62] Dies zeigt, wie sehr die Zelebrität Lennons, des „Denkers", über die Berühmtheit hinausging. Er war nicht einfach ein grossartiger, witziger Entertainer. Er war eine „very important person", deren Meinung Achtung geschenkt wurde.

3.3 Kampagne: You Can Buy Love

Nicht nur Pilz und Musik katapultierten die Beatles an die Spitze des Musikgeschäfts. Der Aufstieg war von Seiten des Managements gut geplant.

Zweifelsohne landete Brian Epstein einen Volltreffer, als er sich im Dezember '61 als Manager der Beatles verpflichtete.[63] Doch hatte er vom Geschäft im Grunde keine Ahnung; Glückstreffer wäre deshalb wohl die treffendere Bezeichnung. Epstein musste bei Fremden und Freunden die nötigen Ratschläge holen.[64]

Vor allem aber kam ihm eine Zeit zu Hilfe, in der das Leben eintönig und langweilig war.[65] Buddy Holly und Eddie Cochran waren tot, Elvis Presley hatte sich nach seiner Militärzeit nichts sagenden, schmalzigen Songs zugewandt. Little Richard war ins Kloster gegangen und auch Chuck Berry hatte nicht mehr viel zu sagen. „Fazit: Der Rock'n'Roll war tot – so behaupteten die Erwachsenen. Und sie waren froh darüber."[66] Es fehlten Idole. Eben starb Marilyn Monroe, schon lange James Dean.[67] Etwas Neues war nicht zu erkennen.

Da platzten die Beatles herein, genau zum richtigen Zeitpunkt und stopften das Loch. Epstein arbeitete fieberhaft daran, die Beatles bekannt zu machen. Er verschaffte ihnen Interviews und Konzert-Auftritte. Er scheute weder Kosten noch Mühen. Und schliesslich säuberte er ihr Halbstarken-Image und steckte sie in verrückte Anzüge.[68]

> „Ihre Anzugjacken erinnerten an bayerische Janker aus dieser Zeit, welche sich für kurze Zeit deutlich von den herkömmlichen Sakkos mit Revers auf Seiten ihrer unterhaltungsmusikalischen Vorgänger und Konkurrenten unterschieden."[69]

Die Beatles liessen viel mit sich machen, taten, was man ihnen befahl. „Es war kein schlechtes Geschäft, sich zum Idioten machen zu lassen und dafür Tausende von Pfund zu kassieren. Das musste

---

[62] *Ebenda, 42.*
[63] *Moers et al.: Die Beatles, 73-74.*
[64] *Niedergesäss: Die Beatles, 116.*
[65] *Niedergesäss: Die Beatles, 115.*
[66] *Ebenda, 115.*
[67] *Marilyn Monroe † 1962; James Dean † 1955.*
[68] *Schuster: Four Ever, 20.*
[69] *Lauterbach: Beatles, Sportclubs, Landschaftsparks, 174.*

man hinnehmen. Aber der Nutzen überwog den Stumpfsinn."[70] Nicht nur über Anzug und Frisur liessen sie andere bestimmen; Epstein schrieb ihnen auch vor, wie sie sich vor den Medien zu verhalten hätten. „Er zensierte Nachrichten und Fotos. Er war bei jedem Interview dabei, um jederzeit unterbrechen zu können."[71] Er trichterte ihnen ein, den Umgang mit der Presse auf einer persönlichen Ebene zu pflegen. Den Beatles wurde verboten, sich zum Krieg in Vietnam zu äussern.[72]

Doch der Einfluss Epsteins schwand und die Bandmitglieder emanzipierten sich. 1965 waren sie an einem Punkt angelangt, wo ihnen ihre Popularität erlaubte, mehr Eigenständigkeit an den Tag zu legen und nicht mehr nur die Wellen gefahrloser Konformität zu reiten. Sie protestierten gegen den Vietnam-Krieg, die Rassentrennung in Südafrika und sprachen sich öffentlich für eine Legalisierung von Cannabis aus.[73] Ihrer Beliebtheit tat dies keinen Abtrag. Da durfte auch schon mal ein Fauxpas passieren, wie ihn sich John Lennon erlaubte, als er meinte, die Beatles seien „more popular than jesus".

Nachdem die Beatles 1963 Europa erobert hatten, fehlte ihnen noch der Coup in den USA, womit ihnen der definitive, weltweite Durchbruch gelingen sollte. 1964 wurde das Jahr der Beatles in A-merika. Die erste US-Single „I Want To Hold Your Hand" (Veröffentlichung im Januar 1964) wurde mit einem Budget von 40'000 Dollar[74] beworben, einer noch nie da gewesenen Summe.[75] Bis anhin bestanden Single-Promotionen lediglich darin, eine gute Airplay-Rate in den Radios zu erreichen und die Singles überall zu distribuieren. „The Beatles Campagn" sollte viel weiter gehen.[76] „Let the public, the press, disc jockeys and the music industry know: ‚The Beatles Are Coming!'" Diese vier Worte, gedruckt auf fünf Millionen Stickers, wurden in ganz Amerika verteilt. Die Anweisungen von Capitol Records lauteten:

> „Put them up anywhere and everywhere they can be seen, that's what. It may sound funny, but we literally want your salesmen to be plastering these stickers on any surface as they walk down the street or as they call on radio or retail account. That probably won't get rid of them all, however. Make arrangements with some local high school students to spread the stickers around town. Involve your friends and relatives. [...] it's going to be „Beatles Are Coming" stickers that are everywhere you look."[77]

Weiter wurden Beatles-Perücken verteilt sowie Beatles-Jacken und Ansteck-Buttons. Den Zeitungen und Schallplatten wurden Sonderausgaben über die bevorstehende Beatlemania beigelegt.[78]

---

[70] Schuster: Four Ever. 20.
[71] Niedergesäss: Die Beatles, 21.
[72] Moers et al.: Die Beatles, 210.
[73] Die Folgen waren Radio-Sendeverbote und Verkaufsstopps von Beatles-Platten in Südafrika.
[74] Niemand weiss genau, wie viel das Budget tatsächlich betrug. Möglicherweise handelte es sich auch um 50'000 oder gar 100'000 Dollar. Vgl. Spizer: The Beatles' Story on Capitol Records, 9.
[75] Spizer: The Beatles' Story on Capitol Records, 8.
[76] Ebenda, 9.
[77] Ebenda, 10.
[78] Ebenda, 10.

Der erste US-Besuch der Beatles im Februar 1964 verkam schliesslich zu einer gross angelegten Publicity-Aktion. Radio-Stationen in ganz Amerika zählten die verbleibenden Tage bis zur Ankunft der Fab Four. Anzumerken ist hierbei, dass Radio in den Sechzigerjahren einen weit höheren Stellenwert hatte als heute. Die amerikanische Jugend hatte nur wenige Möglichkeiten, in ihrer Freizeit der Unterhaltung zu frönen. Es gab kein MTV, keine Video-Games, keine Computer und kein Internet. Es war auch nicht üblich, nach der Schule regelmässig Sport zu treiben. Man erledigte Hausaufgaben, telefonierte mit Freunden und hörte Radio.[79] Am Tag ihrer Ankunft, dem 7. Februar, warben Radios in ganz Amerika für die Beatles. „It is now 6:30 a.m. Beatle time. They left London 30 minutes ago. They're out over the Atlantic ocean, headed for New York. The temperature is 32 Beatle degrees", lautete es in einer Rundfunk-Reportage.[80] Die Band wurde schliesslich von einer Masse begeisterter Fans am New Yorker Flughafen empfangen.[81] Ihr TV-Auftritt in der Ed Sullivan Show am 9. Februar machte die Publicity-Aktion vollkommen. 73 Millionen Amerikaner sassen damals vor den Fernsehgeräten, circa 38% der gesamten Bevölkerung.[82] Die Zeitung „Newsweek" schrieb damals: „During the hour they were on Ed Sullivan's show, there wasn't a hubcap stolen anywhere in America."[83]

Der Inhalt der Songtexte galt als reizvolles Element der Musik. Die englische Sprache wurde allerdings nicht auf der ganzen Welt verstanden. Eine weitere Strategie, die Beatles zu vermarkten, bestand deshalb darin, bestimmte Erfolgslieder in anderssprachigen Versionen neu herauszubringen. Dies geschah in Deutschland mit den Singles „Komm gib mir Deine Hand" und „Sie liebt Dich".[84]

Die Präsenz der Beatles wurde weiter markiert durch Auftritte in den eigenen Musikfilmen „A Hard Day's Night", „Help" und „Yellow Submarine" sowie im Fall John Lennons im Antikriegsfilm „How I Won The War". Dies gab zusätzliches Geld in die Kassen der Beatles-Fabrik und förderte gleichzeitig deren Popularität. So verhielt es sich auch mit den zahlreichen Fan-Artikeln wie Beatles-Hemden, -Anzügen, -Perücken, -Haarsprays, -Abziehbildern, -Hüten, -Uhren, -Puppen und den klassischen Beatles-Schuhen.

---

[79] *Ebenda, 14-15.*
[80] *Ebenda, 15.*
[81] *Spizer: The Beatles' Story on Capitol Records, 15.*
[82] *Datenquelle: UNO.*
[83] *Spizer: The Beatles' Story on Capitol Records, 16.*
[84] *Lauterbach: Beatles, Sportclubs, Landschaftsparks, 175.*

4. Konklusion

4.1 Zusammenfassung

Der Erfolg der Beatles gründet auf einem Zusammenspiel verschiedenster Faktoren. Zentral ist sicherlich die Besonderheit ihrer Musik, die diesbezügliche Verstrickung von Fröhlichkeit, Schlagkraft und Einfachheit. Doch war wohl nicht nur die Genialität des Komponisten-Duos Lennon/McCartney verantwortlich für die Beat-Sensation. Hätte Brian Epstein, der fünfte Beatle, die euphorischen Rocker nicht aus ihren Kellern geholt, würden sie vielleicht heute noch dort spielen. Hätten sie ihren Elvis'schen Schmalz-Schopf weiter getragen, man hätte sie ausgelacht. Ein wichtiges Moment ist auch, dass die Beatles zur richtigen Zeit gekommen sind. Die populäre Musikwelt stand anfangs der Sechzigerjahre vor einem Neuanfang. Zwar hatte der Rock'n'Roll bereits Einzug gehalten, die Jugend hatte einen befreienden Kontrast zur biederen Welt der Erwachsenen gefunden, doch wartete man darauf, dass sich diese „Sache" weiter entwickeln würde. „Yeah Yeah Yeah" war die Antwort, und alle machten mit.

Nur Elvis Presley hatte es vor den Beatles geschafft, ein popmusikalisches Feuerwerk zu zünden, das noch Jahrzehnte später mit annähernd derselben Sprengkraft nachzuhallen vermag. Nach ihnen niemand mehr. Noch heute werden Beatles-CDs en masse in Musikläden angeboten und es finden sich wenige, die sich negativ über ihre Musik äussern – oder zu äussern wagen.

4.2 Abschliessende Bemerkungen

Die Arbeit konzentriert sich ausschliesslich auf die Beatles. Es fehlt dabei der direkte Bezug zu anderen Bands dieser Zeit. Wie in Kapitel 3.1 erwähnt, gab es neben den Beatles andere Gruppen, welche Ähnliches vollbrachten: Beatmusik, Hysterie, Fangemeinschaften und Jugend-Rebellion. Weiterführend könnte man deshalb stärker vergleichend argumentieren und die Bands jener Zeit nebeneinander halten.

Interessant wäre auch, den Bezug zu Bands der Neunzigerjahre herzustellen. Auch Boygroups wie New Kids On The Block, Take That oder die Backstreet Boys konnten Fan-Scharen mobilisieren. Hysterie und Ohnmacht gab es auch hier. Ein solcher Vergleich könnte interessante Parallelen und Unterschiede aufzeigen.

5. Literatur

Braun, Hartmut: Einführung in die musikalische Volkskunde. Darmstadt 1985.

Büttner, Jean-Martin: Sänger, Songs und triebhafte Rede. Basel, Frankfurt am Main 1997.

Coleman, Ray, Chris Roberts: What Makes a Beatle Beat? In: Melody Maker, 3. August 1963, 17.

Coleman, Ray: "Please, No More Jelly Babies!". In: New Musical Express, 9. November 1963, 6.

Davies, Hunter: The Beatles. A Hard Day's Night. Die einzige offizielle Biographie. Deutsche Ausgabe. München 1994.

Davis, Arthur: Die Beatles. Die Legende lebt! Deutsche Ausgabe. Augsburg 1994.

Evans, Allen: The Record Of The Year? "Please, Please Me." In: New Musical Express, 11. Januar 1963, 4.

Goldman, Albert. The Lives of John Lennon. New York 1988.

Hutchins, Chris: Fans invade homes, but boys love 'em. In: New Musical Express, 21. Juni 1963, 8.

Lauterbach, Burkhart: Beatles, Sportclubs, Landschaftsparks. Britisch-deutscher Kulturtransfer. Würzburg 2004.

Lifelines of The Beatles (o.A.). John Lennon. In: New Musical Express: 15. Februar 1963, 9.

Maase, Kaspar: Grenzenloses Vergnügen. Der Aufstieg der Massenkultur 1850-1970. Frankfurt am Main 1997.

MacDonald, Ian: The Beatles. Das Song-Lexikon. Deutsche Ausgabe. Kassel 2000.

Moers, Rainer et al.: Die Beatles. Geschichte und Chronologie. Hamburg 2000.

Mühe, Hansgeorg: Unterhaltungsmusik. Ein geschichtlicher Überblick. Hamburg 1996.

Niedergesäss, Siegfried: Die Beatles. Hamburg 1976.

Palmer, Robert: Rock & Roll. Die Chronik einer Kulturrevolution. Deutsche Ausgabe. St. Andrä-Wördern 1997.

Reader's Digest Universal Lexikon. München 2000.

Schuster, Peter: Four Ever. Die Geschichte der Beatles. Stuttgart, Zürich 1986.

Smith, Alan: Close-up on a Beatle. In: New Musical Express, 30. August 1963, 10.

Spizer, Bruce: The Beatles' Story on Capitol Records. Part One: Beatlemania & The Singles. New Orleans 2000.

UNO: United Nations Population Information Network. In: http://www.popin.org (2.5.2004)

Wagner, Peter: 50 Jahre Popmusik und Jugendkultur in Deutschland. Hamburg 1999.

Winter, Paul: All die neuen Tänze. In: Die Weltwoche, 14.2.1964.